100周年記念！貴重写真と振り返る

日本の会社

西武鉄道の百年

【前編】～これまでの歩み～

日本鉄道車両研究会 著
夢現舎 編

写真提供：西武鉄道

目次

写真で振り返る西武鉄道
100年の歴史 ……………… 3
西武鉄道歴代車両 ……… 18
西武鉄道グッズ紹介 …… 26
西武鉄道の歴史 ………… 33
西武鉄道の歩み
私鉄最長だった正丸トンネル ………… 44
西武の特急レッドアロー号 …………… 46
幻の多摩ニュータウン線 ……………… 48
廃止でなく「休止」謎の残る安比奈線 … 49
駅数最小の2駅 豊島線 ……………… 50
4.2kmを走る狭山線 …………………… 52
独立路線の多摩川線 …………………… 54
需要の高まる拝島線 …………………… 56
国分寺線 ………………………………… 58
多摩湖線 ………………………………… 59
西武園線 ………………………………… 60
山口線（レオライナー） ……………… 61
秩父線 …………………………………… 62
新宿線 …………………………………… 64

池袋線各駅紹介 …………… 65
池袋 ………………………………… 66
椎名町 ……………………………… 68
東長崎 ……………………………… 69
江古田 ……………………………… 70
桜台 ………………………………… 71
練馬 ………………………………… 72
中村橋 ……………………………… 73
富士見台 …………………………… 74
練馬高野台 ………………………… 75
石神井公園 ………………………… 76
大泉学園 …………………………… 77
保谷 ………………………………… 78
ひばりヶ丘 ………………………… 79
東久留米 …………………………… 80
清瀬 ………………………………… 81
秋津 ………………………………… 82
所沢 ………………………………… 83
西所沢 ……………………………… 86
小手指 ……………………………… 87
狭山ケ丘／武蔵藤沢 ……………… 88
稲荷山公園 ………………………… 89
入間市 ……………………………… 90
仏子／元加治 ……………………… 91
飯能 ………………………………… 92
東飯能／高麗 ……………………… 93
武蔵横手／東吾野 ………………… 94
吾野 ………………………………… 95

※本書内の「現在」は、本書発行時点です。

写真で振り返る西武鉄道100年の歴史

昭和40年代

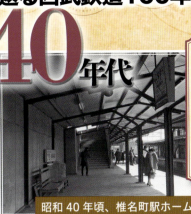
昭和40年頃、椎名町駅ホーム

昭和40年代とは

昭和40年代といえば、車やカラーテレビ、クーラーなどのいわゆる「3C」が普及した時代です。

国鉄がみどりの窓口を開設したり、鉄道関連でもさまざまな進歩を遂げた年代でもあります。

昭和40年頃、練馬駅

昭和40年頃、東長崎駅

昭和40年代、江古田駅

昭和40年頃、桜台駅

当時を振り返る

西武鉄道では当時すでに多くの駅ができており、たくさんの人々が利用していました。ここでは、現在とは趣を異にする西武池袋線沿線各駅の写真を紹介します。現在の各駅との比較をしながら、お楽しみください。

写真提供：西武鉄道

昭和40年頃、中村橋駅

昭和40年頃、石神井公園駅ホーム

日本の会社　西武鉄道の百年

[企業ヒストリー]

写真提供：西武鉄道

昭和40年頃、大泉学園駅

昭和40年頃、保谷駅

昭和40年頃、東久留米駅

昭和40年頃、秋津駅

昭和40年頃、小手指駅

昭和40年頃、西所沢駅ホーム

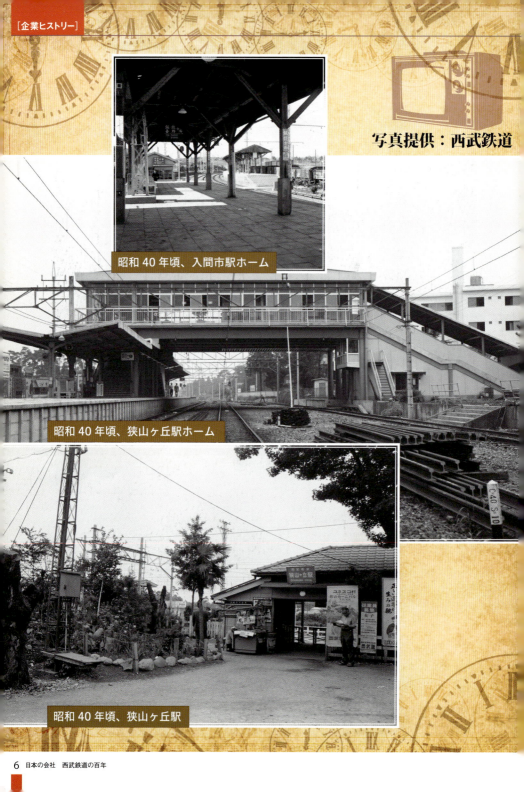

昭和40年頃、稲荷山公園駅ホーム

昭和40年頃、元加治駅ホーム

昭和40年頃、飯能駅ホーム

[企業ヒストリー]

写真提供：西武鉄道

昭和40年頃、高麗駅ホーム

昭和40年頃、東吾野駅ホーム

西武鉄道100年

昭和40年頃、吾野駅改札

昭和40年頃、武蔵横手駅ホーム

日本の会社　西武鉄道の百年

[企業ヒストリー]

昭和40年頃、椎名町駅改札

昭和40年頃、池袋駅

昭和40年頃、東長崎駅

写真提供：西武鉄道

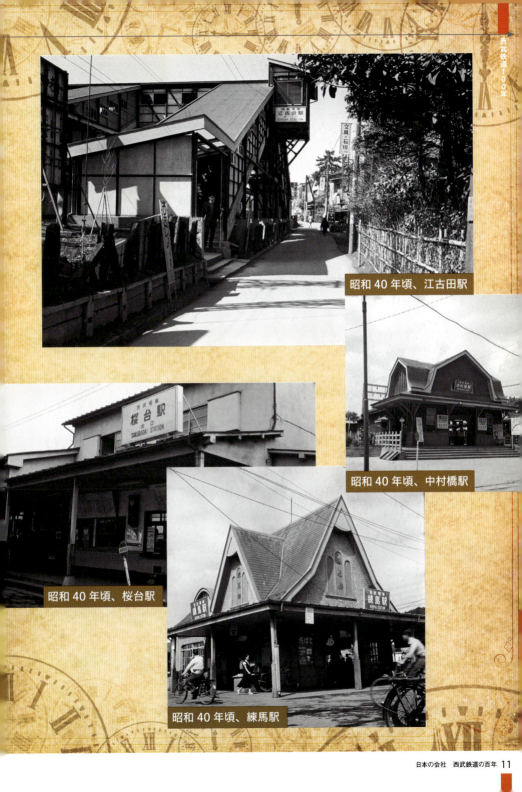

[企業ヒストリー]

昭和40年頃、石神井公園駅

昭和40年頃、保谷駅

昭和40年頃、大泉学園駅

写真提供：西武鉄道

[企業ヒストリー]

昭和40年頃、秋津駅

昭和40年頃、小手指駅

昭和40年頃、西所沢駅

写真提供：西武鉄道

昭和40年頃、狭山ヶ丘駅

昭和40年頃、稲荷山公園駅

昭和40年頃、武蔵藤沢駅ホーム

[企業ヒストリー]

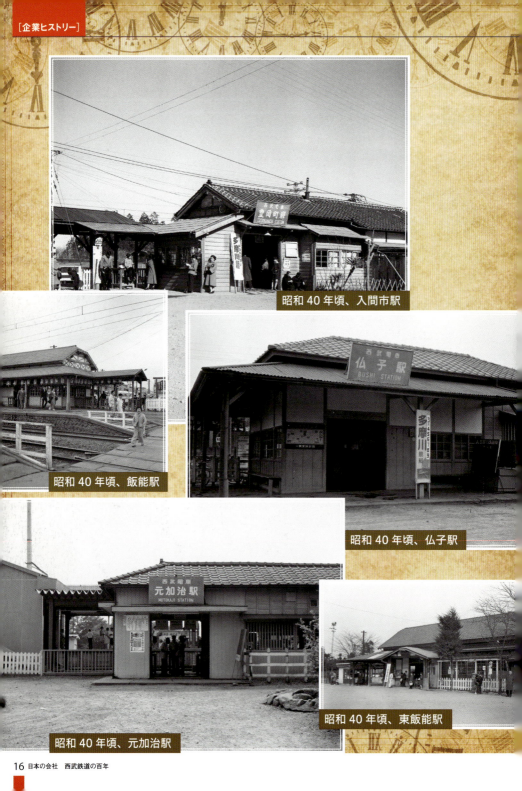

昭和40年頃、入間市駅

昭和40年頃、飯能駅

昭和40年頃、仏子駅

昭和40年頃、元加治駅

昭和40年頃、東飯能駅

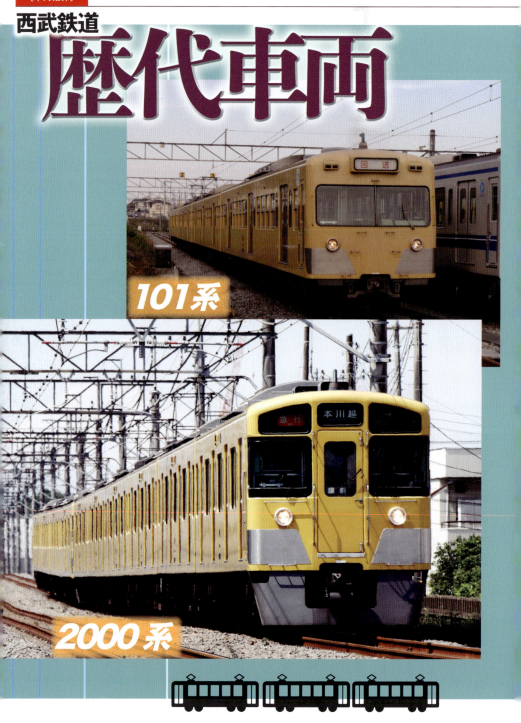

[車両紹介]
西武鉄道 歴代車両

101系

2000系

写真提供：西武鉄道

3000系

4000系

8500系（レオライナー）

西武鉄道100年

日本の会社　西武鉄道の百年

[車両紹介]

30000系

写真提供：西武鉄道

6000系

[車両紹介]

※銀河鉄道999デザインの列車は同一車両ですが、前方、後方でデザインが異なります。

「銀河鉄道999」デザイン電車（飯能方）
©Leiji Matsumoto, SEIBU Railway Co.,LTD.

「銀河鉄道999」デザイン電車（池袋方）
©Leiji Matsumoto, SEIBU Railway Co.,LTD.

エルトレイン (L-train)
©SEIBU Lions,SEIBU Railway Co.,LTD.

101系

写真提供：西武鉄道

[車両紹介]

西武鉄道100年

写真提供：西武鉄道

「幸運の赤い電車 (RED LUCKY TRAIN)」

[西武グッズ]

西武鉄道
グッズ紹介

※既に発売終了しているグッズも含まれます。

新2000系 トレインキッズTシャツ

2000系抱きまくら"すやすやくん"

新2000系 黄色い電車キッズTシャツ

新2000系 黄色い電車オリジナルぬいぐるみパスケース

新2000系 黄色い電車オリジナル傘

新2000系 黄色い"電車箱"

新2000系 黄色い電車オリジナルリュックサック

新2000系 黄色い電車バッグ

西武鉄道 Bigキーホルダー(新2000系)

西武鉄道100年

新2000系黄色い電車
プラカップ

新2000系黄色い電車
ランチボックス

新2000系 黄色い電
車プラカップ

新2000系黄色い
電車ランチトリオ

新2000系 黄色い電車
ランチボックス

新2000系 黄色い電
車ハブラシ

新2000系 黄色
い電車オリジナルレ
ジャーシート

新2000系
黄色い電車
オリジナル水筒

新2000系
ペットボトルホルダー

新2000系 黄色い電車
ランチトリオ

日本の会社 西武鉄道の百年

[西武グッズ]

西武鉄道100年

「ぶらぶら電車ストラップ」2000系(写真左)・30000系(写真右)

ぶらぶら電車ストラップ10000系レッドアロークラシック(写真左)、10000系ニューレッドアロー(写真右)

10000系特急ビーチタオル

西武線中濃ソース

芋焼酎「富の紅赤」西武鉄道100年記念ラベル2000系(写真左)・30000系(写真右)

ボックスティッシュケース5000系レッドアロー

西武6000系電車(トレイン)シートクッション

西武鉄道101系オリジナル手ぬぐい

日本の会社　西武鉄道の百年　29

[西武グッズ]

走る！電車型キーホルダー6種類
（新2000系、4000系、6000系、9000系RED LUCKY TRAIN、20000系、30000系）

Bトレインショーティー
「9000系 RED LUCKY TRAIN」

Bトレインショーティー
「新2000系」

Bトレインショーティー
「西武鉄道3000系」

鉄道コレクション
「西武鉄道401系2両セット」

オリジナルプラレール
西武鉄道9000系

Bトレインショーティー西武6000系

30000系オリジナルサウンド☆トレイン

30000系 Smile Train ALARM CLOCK

西武鉄道100年

30000系ぬいぐるみパスケース

L-train オリジナルキーライト

駅名板ショートマフラータオル「本川越(時の鐘と蔵のまち)」

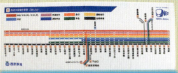

池袋線停車駅案内スポーツタオル

西武鉄道6000系電車型キーライト

西武鉄道30000系(写真左)・新2000系(写真右)ハローキティ根付け

©1976, 2013 SANRIO CO., LTD. APPROVAL NO.S542394

タッチアンドゴー
〜あの日見た花の名前を僕たちはまだ知らない。Ver.1(上)・Ver.2(下)〜
©ANOHANA PROJECT

鉄道むすめ PLUS+03/川越いぶき 限定版

日本の会社　西武鉄道の百年　31

西武鉄道の歴史

明治44(1911)年
10月18日　武蔵野鉄道免許取得

明治45(1912)年
5月7日　武蔵野鉄道会社設立

大正4(1915)年
4月15日　池袋～飯能間営業開始

大正11(1922)年
11月1日　池袋～所沢間電化
　　　　　保谷車庫開設

大正14(1925)年
3月15日　所沢～西所沢間電化
12月23日　西所沢～飯能間電化

昭和2(1927)年
10月15日　豊島線(練馬～豊島(現・豊島園))営業開始

昭和3(1928)年
8月11日　池袋～練馬間複線運転開始

昭和4(1929)年
3月20日　練馬～保谷間複線運転開始
5月1日　狭山線(西所沢～村山公園(現・西武球場前))営業開始
9月10日　飯能～吾野間営業開始

昭和15(1940)年
3月12日　多摩湖鉄道を合併

昭和19(1944)年
2月28日　西所沢～村山(現・西武球場前)間営業停止

昭和20(1945)年
9月22日　旧西武鉄道、食料増産を合併し西武農業鉄道となる

昭和21(1946)年
2月14日　保谷～田無町(現・ひばりヶ丘)間複線運転開始
11月15日　社名を西武鉄道と変更

昭和23(1948)年
4月1日　東村山～村山貯水池(現・西武園)間開業
11月5日　東村山～国分寺間電化

昭和24(1949)年
11月15日　多摩湖線本小平駅を小平駅に統一

昭和25(1950)年
4月6日　東村山～柳瀬信号所間複線運転開始
5月15日　小川～玉川上水間営業開始
5月23日　東村山～村山貯水池間に野口信号所を新設。野口信号所～西武園間営業開始
7月11日　武蔵境～北多磨(現・白糸台)間電化
8月1日　おとぎ電車多摩湖ホテル前～上堰堤間営業開始
11月1日　北多磨(現・白糸台)～是政間電化

昭和26(1951)年
4月1日　新宿軌道線(新宿駅～荻窪駅)を東京都へ譲渡
9月16日　おとぎ電車上堰線～ユネスコ村間営業開始
10月7日　西所沢～狭山湖(現・西武球場前)間営業再開(ガソリンカー運転)

昭和27(1952)年
3月21日　西所沢～狭山湖(現・西武球場前)間電化
3月25日　高田馬場～西武新宿間営業開始
7月15日　おとぎ電車を地方鉄道に変更、線名を山口線とする

昭和28(1953)年
3月28日　田無町(現・ひばりケ丘)〜東久留米間複線運転開始
9月26日　東久留米〜清瀬間複線運転開始

昭和29(1954)年
10月12日　小川〜玉川上水間電化

昭和33(1958)年
9月16日　新宿線から小平、萩山経由多摩湖(現・西武遊園地)へ直通運転開始
12月19日　柳瀬信号所〜所沢間複線運転開始

昭和34(1959)年
12月21日　清瀬〜秋津間複線運転開始

昭和35(1960)年
5月25日　秋津〜所沢間複線運転開始

昭和36(1961)年
9月20日　多摩湖線0.4km延伸、多摩湖(現・西武遊園地)駅移設

昭和37(1962)年
9月1日　萩山〜小川間営業開始
12月28日　変電所集中制御システム使用開始

昭和38(1963)年
11月1日　池袋〜所沢間で私鉄初の10両運転開始
12月24日　701系通勤車登場

昭和39(1964)年
11月15日　新狭山駅開業

昭和40(1965)年
11月5日　所沢〜西所沢間複線運転開始

昭和41(1966)年
5月16日　小手指検車区(現・車両基地)開設
5月25日　西所沢〜小手指間複線運転開始
10月28日　小手指〜武蔵藤沢間複線運転開始

昭和42(1967)年
6月1日　急緩行列車選別装置使用開始
10月27日　所沢〜新所沢間複線運転開始
11月7日　小平〜萩山間複線運転開始

昭和43(1968)年
5月15日　玉川上水〜拝島間営業開始
11月12日　恋ヶ窪〜羽根沢信号所間複線運転開始
11月13日　武蔵藤沢〜入間市間複線運転開始

昭和44(1969)年
3月5日　101系通勤車登場
9月26日　新所沢〜入曽間複線運転開始
10月1日　南入曽検車区(現・車両基地)開設
10月2日　仏子〜笠縫信号所間複線運転開始
10月14日　西武秩父線営業開始。特急レッドアロー登場。ATS使用開始(多摩川線、安比奈線、山口線を除く)。仏子〜西武秩父間CTC使用開始
12月16日　ITV使用開始

昭和45(1970)年
1月1日　横瀬検車区(現・車両基地)開設
8月16日　踏切支障検知装置使用開始
11月20日　小手指駅開業

昭和47(1972)年
7月1日　通勤冷房社(101系)登場

昭和48(1973)年
6月8日　田無〜西武柳沢間立体交差化工事完成
11月29日　最高速度100キロ運転実施

昭和49(1974)年
3月1日　電車行先方向幕を全列車に使用開始
9月6日　多摩川線単線自動化及びATS使用開始
10月20日　池袋駅地下連絡通路使用開始

昭和50(1975)年
3月20日　入間市〜仏子間複線運転開始
6月2日　西武新宿〜本川越間急行10両運転開始
6月16日　定期乗車券集約発売実施
11月26日　入曽〜入間川(現・狭山市)間複線運転開始
12月8日　西武新宿〜拝島・多摩湖(現・西武遊園地)間急行10両運転開始

昭和51(1976)年
3月1日　所沢～新秋津間、貨物連絡設備竣工。池袋～国分寺両駅の貨物中継を新秋津駅へ変更。特急レッドアローの毎時運転開始
12月1日　列車無線全線使用開始(安比奈線・山口線を除く)

昭和52(1977)年
3月3日　西武新宿駅新装・西武新宿ビルオープン
4月1日　新宿線に2000系通勤車登場
6月23日　北多磨(現・白糸台)駅改良工事完成
8月31日　高麗駅改良工事完成
12月19日　西武新宿～新所沢間準急10両運転開始
12月19日　小平～多摩湖(現・西武遊園地)間折り返し運転実施

昭和53(1978)年
2月15日　保有車両数800両突破
11月30日　狭山湖(現・西武球場前)駅現在地に移設

昭和54(1979)年
3月30日　小手指駅橋上駅舎完成
4月27日　狭山市駅新装・狭山ステーションビルオープン
11月1日　鷺ノ宮駅橋上駅舎完成
12月7日　萩山～小川間複線運転開始

昭和55(1980)年
2月28日　入曽駅跨線橋工事完成
3月12日　南大塚～脇田信号所間複線運転開始
3月14日　池袋駅構内改良工事完成
3月15日　本川越駅構内改良工事完成
6月16日　構内無線、乗務員無線使用開始
7月17日　東大和市駅立体交差化工事完成
10月11日　西武新宿駅北口使用開始
12月22日　南大塚駅橋上駅舎使用開始
12月25日　踏切支障報知装置使用開始

昭和56(1981)年
3月6日　下山口駅構内改良工事完成
10月30日　新井薬師前駅新駅舎使用開始
12月27日　久米川駅新駅舎使用開始

昭和57(1982)年
2月1日　鷹の台駅旅客地下道使用開始
8月3日　下井草駅新駅舎使用開始
9月13日　遊園地前～西武遊園地間地方鉄道免許

昭和58(1983)年
3月24日　東伏見駅橋上駅舎使用開始
4月5日　所沢駅跨線橋使用開始
4月14日　野方駅新駅舎使用開始
4月16日　東吾野駅新駅舎使用開始
6月9日　沼袋駅新駅舎使用開始
7月28日　都立家政駅新駅舎使用開始
10月1日　西武有楽町線(新桜台～小竹向原間)営業開始
11月10日　保有車両数900両突破
11月12日　大泉学園駅橋上駅舎使用開始
11月27日　池袋線に3000系通勤車登場
12月1日　武蔵砂川～西武立川間複線運転開始
12月12日　武蔵砂川駅開業

昭和59(1984)年
4月15日　仏子駅新駅舎使用開始
5月14日　山口線営業休止
9月1日　仏子駅南口開設

昭和60(1985)年
3月12日　鷹の台駅新駅舎使用開始
4月25日　山口線新交通システム開業
6月1日　ATS更新(多摩川線除く)

昭和61(1986)年
4月26日　下落合駅新駅舎使用開始
5月1日　椎名町駅新駅舎使用開始
8月5日　本社ビルを所沢に移転
10月20日　恋ヶ窪駅跨線橋使用開始
12月13日　鷹の台駅構内改良工事完成

昭和62(1987)年
3月3日　中村橋駅北口新駅舎使用開始
3月5日　西小川信号所使用開始
3月9日　小川変電所使用開始
4月21日　上井草駅新駅舎使用開始
5月28日　航空公園駅開業
11月20日　CTC区間を高麗～西武秩父間に変更
12月10日　石神井公園～富士見台間連続立体交差化工事完成

昭和63(1988)年
2月17日　新小金井駅新駅舎使用開始

3月5日	多磨墓地前(現・多磨)駅新駅舎使用開始
3月21日	稲荷山公園駅新駅舎使用開始
4月1日	レオカード発売開始
4月5日	西所沢駅新駅舎使用開始
4月27日	東飯能～高麗間高架工事一部竣工
5月12日	誤通過防止装置使用開始
6月1日	弱冷房車登場
11月2日	東大和市～玉川上水間複線運転開始
11月4日	4000系セミクロスシート車登場
11月16日	武蔵丘信号所(現・信号場)完成

平成元(1989)年

3月16日	駅管区制の導入
3月23日	保有車両数1000両突破
4月1日	秩父鉄道へ直通運転開始
9月11日	所沢駅西口新駅舎使用開始
12月11日	飯能駅新駅舎使用開始
12月14日	新狭山～南大塚間複線運転開始
12月15日	ATS更新(多摩川線)

平成2(1990)年

3月31日	萩山駅橋上駅舎増改築完成使用開始
6月9日	元加治駅新駅舎使用開始
6月23日	351系電車さよなら運転
6月24日	多摩湖線・国分寺駅新ホーム使用開始
6月30日	車両冷房化率100％達成
7月10日	西武園駅新駅舎使用開始
8月1日	所沢駅北側乗換跨線橋使用開始
8月2日	本川越駅構内改良工事完成使用開始
9月16日	玉川上水車両管理支所(現・車両基地)開設
12月23日	秋津駅北口開設。石神井公園駅新駅舎使用開始

平成3(1991)年

1月27日	所沢駅(東口)改札口移設、自由通路使用開始
2月1日	清瀬第3踏切立体交差化工事完成使用開始
2月14日	東村山駅乗換跨線橋使用開始
3月9日	自動改札機導入、豊島園駅で使用開始
3月15日	西武研修センター使用開始
3月16日	特急券オンライン自動発行、使用開始
3月29日	小川～西小川信号所間複線運転開始
5月11日	鷺ノ宮駅北口駅ビルオープン
7月27日	狭山市～新狭山間複線運転開始
9月5日	西武本川越ステーションビルオープン
12月12日	都営12号線(現・大江戸)との連絡運輸開始
12月27日	保谷駅新駅舎使用開始

平成4(1992)年

1月14日	横瀬駅新駅舎使用開始
1月16日	変電所集中制御システム更新
3月19日	車いす用階段昇降機導入(練馬駅)
4月1日	運行管理システム(SEMTRAC)本使用開始
4月8日	所沢総合管理事務所使用開始
5月28日	飯能駅南北自由通路完成使用開始
6月1日	池袋線にステンレス製6000系通勤車登場
10月23日	西武飯能ステーションビルオープン
11月28日	秋津駅南口新駅舎使用開始

平成5(1993)年

2月10日	新型の回数券・きっぷ自動発売機導入、回数券をエンコード化
4月1日	狭山ケ丘駅東口開設
5月12日	天皇・皇后両陛下秩父へ(池袋～西武秩父間ご乗車)
9月14日	入間市駅構内改良工事完成使用開始
12月6日	新宿線に10000系特急ニューレッドアロー登場。特急電車の停車駅に「入間市」を追加
12月11日	9000系通勤車登場

平成6(1994)年

8月8日	新宿線に6000系通勤車登場
10月1日	池袋駅新特急ホーム使用開始
10月15日	池袋線に10000系特急ニューレッドアロー登場
11月16日	東久留米駅橋上駅舎使用開始
12月7日	練馬高野台駅開業。西武有楽町線(練馬～新桜台間)営業開始
12月15日	是政駅構内改良工事完成使用開始

平成7(1995)年

2月28日	青梅街道駅駅舎改修工事完成使用開始
9月1日	時差回数券、土、休日割引回数券発売開始
10月14・15日	5000系特急レッドアローさよなら運転

平成8(1996)年

2月29日	入曽駅西口開設
3月28日	多摩湖線(国分寺〜西武遊園地間)運行管理システム(SEMTRAC)使用開始
4月1日	多摩湖線ワンマン運転開始。所沢〜東横瀬間貨物輸送廃止
5月25日	E851形電気機関車さよなら運転
12月3日	新6000系アルミ車両登場

平成9(1997)年

1月1日	西武鉄道Webサイト開設
2月22日	401系701系さよなら運転
3月7日	保有車両1,200両突破
3月26日	池袋駅「西武南口」開設
4月25日	吾野駅新駅舎使用開始
4月26日	特急レッドアロー利用客1億人突破
8月2日	桜台〜練馬間高架化
12月13日	中村橋〜富士見台間高架化

平成10(1998)年

3月26日	池袋線〜営団有楽町線相互直通運転開始。新宿線・快速急行「川越号」運転開始。特急電車の停車駅を「芦ヶ久保」から「横瀬」に変更
9月30日	武蔵藤沢駅構内改良工事完成使用開始
10月1日	西武・電車テレホンセンター開設
11月20日	多摩湖線・国分寺〜萩山間ワンマン運転開始
11月27日	玉川上水駅橋上駅舎使用開始
12月11日	花小金井駅南口開設・橋上駅舎使用開始

平成11(1999)年

2月10日	東飯能駅橋上駅舎使用開始
4月24日	田無駅橋上駅舎使用開始
6月1日	使用済乗車券再生資源活用開始
8月28日	井荻駅北口新駅舎使用開始

平成12(2000)年

2月20日	新宿線に20000系通勤車登場
3月29日	武蔵丘車両管理所(現・車両基地)開設
6月10日	八坂駅新駅舎使用開始
6月15日	所沢車両工場閉鎖
6月16日	武蔵丘車両研修場開設
6月30日	沼袋駅南口開設
7月1日	使用済定期乗車券再生資源活用開始
10月1日	SFレオカード発売開始
10月14日	共通乗車カードシステム「パスネット」導入
12月14日	練馬駅西口開設
12月22日	所沢駅新改札口開設(南口・東口改札を統合)。武蔵丘車両研修場ISO14001取得

平成13(2001)年

3月4日	練馬〜中村橋間高架化(逆立体化)
3月10日	高田馬場駅構内改良工事完成・戸山口開設
4月1日	自動改札機で乗車券額の複数枚処理開始。フェアスルーシステム(不正乗車防止システム)導入
12月6日	笠縫〜飯能間複線運転開始
12月15日	中村橋〜練馬高野台間高架複々線使用開始

平成14(2002)年

2月28日	一般認定鉄道事業者として認定を受ける
3月6日	西武球場前駅で駅係員による売店業務を開始
4月1日	日本民営鉄道協会に入会。Webサイト上で運行状況の情報提供を開始
9月1日	お忘れ物取扱システム導入。駅シェルパ開設

平成15(2003)年

3月12日	練馬〜中村橋間高架複々線使用開始。飯能〜西武秩父間ワンマン運転開始
6月2日	池袋線に列車情報装置使用開始
8月1日	旅行代理店での特急券発売開始

平成16(2004)年

1月13日	携帯電話での運行状況の検索サービスを開始

3月25日	下井草駅整備株式会社設立
3月27日	車体広告電車運転開始(池袋線・新宿線)
3月30日	東長崎駅整備株式会社設立
5月24日	西武鉄道企業倫理規範制定(2006.3.27西武グループ企業倫理規範制定に伴い廃止)
6月10日	新宿線に列車情報装置使用開始
7月26日	第1回企業倫理委員会開催
11月16日	東京証券取引所における当社株式の上場廃止(12月17日付)決定
12月16日	企業倫理ホットライン開設

平成17(2005)年

5月9日	池袋線・新宿線に女性専用車両導入
5月31日	池袋駅上家建替え工事完了
6月28日	執行役員制度導入
7月2日	運行管理システム更新(池袋線)
10月31日	有楽町線直通電車女性専用車両導入
11月9日	電源二重化工事完成(池袋〜武蔵丘・西武新宿〜本川越)

平成18(2006)年

2月1日	池袋駅、高田馬場駅、所沢駅にAED設置(西武鉄道で初)
3月27日	持株会社方式によるグループ再編完了。グループビジョン策定
4月1日	西武鉄道お客さまセンター開設
7月19日	江古田駅整備株式会社設立
9月24日	運行管理システム更新(新宿線)
10月1日	特急の全車禁煙化を実施

平成19(2007)年

2月3日	下井草駅新駅舎使用開始
3月16日	東長崎駅新駅舎使用開始
3月18日	ICカード「PASMO」サービス開始
3月28日	天皇・皇后両陛下川越へ(西武新宿〜本川越間往復ご乗車)
4月1日	シンボルマーク及びコーポレートカラー制定
4月27日	「早期地震警報システム」導入
5月8日	特急インターネット予約サービス開始
5月14日	お客さま満足度調査「アンケート配布調査」実施
6月20日	株式会社西武パレット設立
6月21日	「踏切安全ホットライン」導入
6月27日	「遠隔放送装置」導入
7月3日	練馬駅、練馬高野台駅、西所沢駅に新型駅売店「TOMONY」オープン
7月27日	簡易筆談器全駅(小竹向原除く)に設置
8月24日	拝島駅橋上駅舎使用開始
8月31日	練馬駅構内に新商業施設「Emio練馬」オープン
10月19日	「BIG BOX 高田馬場」リニューアルオープン
11月18日	第1回「秩父サイクルトレイン」開催
12月3日	環境配慮型蓄電装置を吾野・正丸変電所に導入

平成20(2008)年

2月9日	武蔵藤沢駅橋上駅舎使用開始
3月27日	「コーポレートシンボル」を全制服に取り入れ、制服をリニューアル
3月29日	武蔵境駅新駅舎使用開始
4月26日	新宿線に30000系通勤車登場
5月4日	飯能・西武の森「社会・環境貢献緑地評価システム(SEGES)」認定
6月14日	池袋線〜東京地下鉄副都心線相互直通運転開始。遅延証明書をWebサイト上で発行開始
6月16日	東京メトロ副都心線直通電車女性専用車両導入
8月6日	車両内側ドアに点字案内を設置
11月22日	列車非常通報装置全駅(小竹向原除く)に設置

平成21(2009)年

4月6日	小手指駅、西武球場前駅、航空公園駅で壁壁面緑化を実施
4月26日	所沢駅東口駅前に「EMINOWA」オープン
10月3日	久米川駅北口新駅舎、使用開始
10月12日	新電力管理システム使用開始(総合指令ワンフロア化完成)
10月19日	自動改札機導入通路の一部をIC専用化(76駅113通路)
11月7日	芦ケ久保・西武の森に「ウエルカムストリート」を整備
12月14日	西武鉄道Webサイトをリニューアル

平成22(2010)年
- 2月7日　石神井公園駅上り線高架化
- 4月23日　「SEIBU　スマイルリンクサービス」開始
- 7月1日　「西武東京メトロバス」発売開始

平成23(2011)年
- 2月27日　拝島線 萩山～小川間萩山3号踏切の下り線を高架化
- 4月17日　石神井公園駅下り線高架化
- 6月13日　「西武鉄道キッズ　Go!Go! スマイルトレイン」公開
- 11月27日　レッドアロークラシック登場

平成24(2012)年
- 4月9日　「Twitter」による列車運行情報発信開始
- 5月7日　西武鉄道 創立100周年を迎える
- 6月12日　「Emio所沢」オープン
- 6月28日　「Emio練馬高野台」オープン
- 7月1日　駅チカ保育施設「Nicot田無」開設
- 10月7日　拝島線萩山～小川間の萩山3号踏切の上り線を高架化
- 10月20日　本川越駅に副駅名「時の鐘と蔵のまち」表示を開始
- 12月9日　「さよなら101系・301イベント」開催

平成25(2013)年
- 1月21日　5社合同相互直通運転PRラッピング電車運行開始
- 3月1日　テレビCMの放送開始
- 3月16日　ダイヤ改正／副都心線を経由し東急東横線、横浜高速みなとみらい線との相互直通運転開始
- 6月9日　特急レッドアロー号チケットレスサービス「Smooz」開始
- 6月30日　所沢駅改良工事完了
- 10月2日　「Emio石神井公園」オープン。「エミナード石神井公園」第1期開業
- 11月23日　石神井公園～大泉学園駅下り線高架化
- 11月30日　「ちちぶ映画祭」初開催

平成26(2014)年
- 1月14日　中井～野方駅間連続立体交差事業工事着手
- 1月28日　武蔵丘車両研修場メガソーラー発電開始
- 4月23日　西武ホールディングスが東京証券取引所市場第一部へ上場
- 8月18日　「川越アクセスきっぷ」を新宿プリンスホテルにて発売
- 9月12日　「西武飯能日高ソーラーパワーステーション」発電開始式開催
- 10月22日　訪日外国人向けWi-Fiサービス開始(西武秩父駅・本川越駅)
- 12月25日　銀河鉄道999電車営業運転終了、3000系車両営業運転終了

平成27(2015)年
- 1月25日　練馬高野台～大泉学園駅間連続立体交差事業　高架化
- 1月27日　東村山駅付近連続立体交差事業工事着手
- 3月14日　台湾鉄路管理局と西武ホールディングスが「包括的事業連携に関する友好協定」締結、西武鉄道が「姉妹鉄道協定」締結
- 4月10日　「グランエミオ大泉学園」オープン

● 企業と路線で見る西武鉄道の歴史

　一言に「西武鉄道」の歴史を語ることは容易ではない。なぜなら、現在の西武鉄道が誕生するまでの間、幾多もの鉄道会社や関連企業の合併、統合が繰り返されているからだ。本項で紹介する「旧西武鉄道」も現在の西武鉄道とは異なり、同鉄道完成の経緯についても、年表に掲載している明治44年の「武蔵野鉄道免許」以前から振り返らなければならない。

　鉄道を研究する専門家やファンたちが「西武鉄道の歴史」について触れる際、大きく2つのパターンに分かれるという。一つは企業を主軸にする考察、もう一つは路線を基点とする考え方である。本書では双方の視点から西武鉄道の歴史を紹介するが、「日本の企業シリーズ」ということもあるため、まずは資本をベースに歴史をひも解いていくことにする。

● 明治・大正の私鉄競争と旧西武鉄道の誕生

　そもそも旧西武鉄道とは何か。時代は明治時代中期にさかのぼる。当時、東京の府中から埼玉県の川越にかけて広がる武蔵野の地には、多くの私鉄の路線が敷かれていた。まず現在のJR中央線の前身である甲武鉄道、その子会社である川越鉄道（明治25年設立）、現在の多摩川線を運営していた多摩鉄道（明治43年起業）、そして現在の西武池袋線の区間を形成していた武蔵野鉄道（明治45年設立）の4社が主であるといっていいだろう。

　各鉄道会社は旅客拡充を目指し、関連企業と提携しながら規模を拡大。当然ながら共存共栄の道は断たれ、競争は激化していった。まず、大正時代に入ると川越鉄道が経営難に直面する。結果的に大正9年、武蔵水電という電力会社が同会社を吸収合併する。その翌年、開業直後だった西武軌道も同様に吸収合併している。余談だが、西武軌道と旧西武鉄道は別物である。西武軌道は大正10年8月に淀橋と荻窪間の青梅街道上を走る路面電車として開業した。

　しかし大正11年、電力業界の再編により、皮肉にも武蔵水電は帝国電灯の傘下に入ることになる。それに併せて鉄道事業の権利が、旧・武蔵水電の関係者が川越鉄道とは別に設立した武蔵鉄道に譲渡された。その際に社名を武蔵鉄道から西武鉄道に変更し、ここに旧西武鉄道が誕生する。大正16年には高田馬場と東村山を結ぶ村山線が開業した。これが新宿線の原型である。

　こうして幾多もの合併や統合を繰り返しながら旧西武鉄道は産声を上げ、一段落したかに見えた。しかし生存競争の嵐は、より激しさを増すことになる。

●旧西武鉄道と武蔵野鉄道による乗客獲得争い

　前段で述べたように、武蔵野鉄道は明治45年に開業された。3年後に池袋と飯能を結ぶ鉄道が開通し、現在の池袋線へと続く。都心と郊外の双方から多くの乗降客を集めた武蔵野鉄道は、他の川越鉄道や多摩鉄道に比べ、圧倒的な業績を誇っていた。

　そんな中、新宿線の原型を完成させた旧西武鉄道は、武蔵野鉄道と並ぶ大会社に発展した。ライバル関係にある両社は年を経るにつれ勢いを増し、昭和に入ると、武蔵野の地は旧西武鉄道と武蔵野鉄道の二強時代に突入する。旧西武鉄道が、旧西武軌道の有していた路面電車の再活用を試み、村山線を開通すれば、武蔵野鉄道も複線化、電化を目指しながら輸送力を強化していった。昭和4年には飯能と吾野を結ぶ路線を伸ばし、これが行楽客や建築原料の輸送のはずみになった。

　昭和初期は旧西武鉄道に軍配が上がっていた。武蔵野鉄道は路線に関する設備投資を充実させるも、乗客数が伸び悩み、徐々に経営が悪化していく。ところが昭和14年に情勢は一変する。東京市電（現在の東京都電）の路線が池袋と護国寺間で開通したのだ。これにより池袋が交通の要所となり、武蔵野鉄道を利用する客が急増した。

　こうして一進一退を繰り返しながら両社の経営競争は続くのだが、終戦を迎えるとその争いも終止符が打たれることになる。昭和30年、旧西武鉄道を吸収合併した武蔵野鉄道は、名称を西武農業鉄道に変更する。さらに翌年、西武鉄道へ改称し、ようやく今日まで続く西武鉄道の礎が築かれたのである。

●西武グループの創業者・堤康次郎氏

　ここまで現・西武鉄道の誕生に至るまでの経緯について触れてきたが、いくつか疑問の残る点がある。まず、西武鉄道の誕生100周年と定義する所以は何か。

　西武鉄道の100周年については、武蔵野鉄道の設立から100年と定義づけられている。同様の内容が西武鉄道ホームページ内にある「西武鉄道100年アニバーサリーWebサイトに掲載されているので一部抜粋する。
「西武鉄道は、1912年5月7日に前身である武蔵野鉄道が設立されて以来、2012年5月7日に創立100周年を迎えました。また、2014年には、新宿線の前身である川越鉄道の国分寺〜本川越間、2015年には同じく川越鉄道の国分寺〜本川越間が開業120周年を、そして2015年には池袋線の前身である武蔵野鉄道の池袋〜飯能間が開業100周年を迎えます」

　「西武鉄道100年への思い」からも、現在の西武鉄道の起源を武蔵野鉄道に置いているのが読み取れる。ここでもう一つの疑問が浮上する。なぜ、武蔵野鉄道が旧西武鉄道を吸収合併したにもかかわらず、社名が西武農業鉄道、そして西武鉄道へ改称されたのか。通常は企業と企業が統合、もしくは合併する際、それを持ちかけた企業の名前が継

承されることが多い。もし両企業の名称を残すとしても、「武蔵野西武鉄道」のように、買収側の名前を先頭に置くケースが一般的である。しかし、買収側だったはずの武蔵野鉄道の名称は消滅し、西武鉄道となった。これはどういうことなのか。この疑問に答えるためには、西武グループの創業者である堤康次郎氏について語らなければならない。

話は旧西武鉄道と武蔵野鉄道が激しい経営競争を繰り広げていた昭和時代初期に戻る。当時、堤氏は箱根土地という不動産会社を経営していた。創立は大正7年、軽井沢や箱根などのリゾート開発事業をはじめ、東京近郊の住宅開発を主とした箱根土地は、かつて西武グループの中核企業だったコクドの前身といっていい。

事業を成功させた箱根土地は、昭和時代に入ると鉄道事業にも乗り出す。それが現在の多摩湖線である。ちなみに多摩湖は当時「村山貯水池」と呼んだ。村山貯水池周辺の観光開発を目的とした鉄道事業は、昭和5年の多摩湖線開通をもって成就することになる。

多摩湖線という、第三極の鉄道事業参入によって、業績におけるダメージをこうむったのが武蔵野鉄道だった。前述したように、武蔵野鉄道は乗客数の減少が原因で一時経営難に直面している。実はこのとき、堤氏率いる箱根土地が武蔵野鉄道の株式を買い集め、実質的に経営権を掌握していたのだ。つまり、昭和初期以降の武蔵野鉄道のオーナーは堤氏といっても過言ではなかったのである。

昭和13年に陸上交通事業調整法（競争激化による経営悪化を防ぐため、交通事業を地区ごとに統一する法律）が施行されると、武蔵野鉄道による多摩湖鉄道の吸収合併が箱根土地の意向によって実行される。そして驚くことに、3年後の昭和18年には堤氏が旧西武鉄道の社長に就任する。たった5年足らずで、両鉄道会社のオーナーの座まで上りつめた背景には、複雑な事情が絡んでいるのだが、西武鉄道の歴史という本筋から外れるので、ここでは割愛する。いずれにせよ堤氏が先見の明に長けたカリスマ経営者であったことは間違いない事実だろう。

こうした前提をふまえ、武蔵野鉄道と旧西武鉄道の合併に話を戻す。両企業の経営権が堤氏にある以上、どちらが買収をしても変わりはないように思えるが、それでも武蔵野鉄道が旧西武鉄道を吸収合併した訳は明らかになっていない。しかし、名称を西武農業鉄道、西武鉄道に改称した理由はいくつかの説がある。合併には農業会社が含まれていたから。旧西武鉄道社員への配慮。武蔵野の地一帯を走る鉄道会社の名前としては西武鉄道のほうがふさわしい……。鉄道ファンたちの間で議論が交わされることも少なくない話題である。

●今日まで活躍を続けてきた西武鉄道

合併と買収の連鎖に終止符が打たれ、新たに出発した西武鉄道は、通勤客の輸送強化

と観光輸送の開拓に動き出す。その後、高度成長時代とともに西武鉄道は路線の延長と新規路線の着工を重ね、規模を拡大していく。また、西武鉄道は他社ではあまり見られないユニークな色彩の車両を登場させ、それが話題となった。通称・赤電と呼ばれたウォームグレーとディープラズベリーの車両は、電車ファンで知らない人は皆無だろう。

そして近代の西武鉄道の歴史を語る上で外せないのが、西武初の特急車両である5000系「レッドアロー」である。関東初のロマンスカーといえば小田急電鉄の「小田急ロマンスカー」だ。次いで今はなき京成電鉄の京成1600系「開運号」が登場。そして三番目にレッドアローが運用された。当時のキャッチコピーは「秩父へ特急八十三分」。現在の池袋〜西武秩父間の走行時間とあまり変わらない。当時としては画期的な車両だったことがわかるだろう。

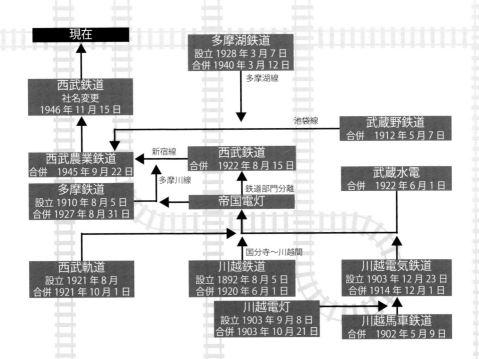

[企業情報]
西武鉄道の歩み

私鉄最長だった

●西武鉄道最長のトンネル

　西武秩父線の中で最も長いトンネルが、正丸トンネルだ。埼玉県飯能市と秩父郡横瀬町の境界線上に位置し、正丸峠の下を通る。トンネルの全長は4,811mだ。昭和44年の開通当時は西武鉄道区間内のトンネルのみならず、日本国内にある私鉄のトンネルとしても日本一の長さを誇った。開通から6年後の昭和50年、近畿日本鉄道大阪線の新青山トンネル（5,652m）が開通。その座を奪われたが、現在も在京大手私鉄で最も長いトンネルとして多くの人に知られている。

　正丸トンネルの中間付近には、その駅間距離を理由に、正丸トンネル信号場が設けられている。トンネルのある正丸駅から芦ヶ久保駅は6.1kmと、他の駅間に比べて距離が長い。全線が単線である西武秩父線は、各駅で対向列車の行き違いを行なうのだが、そのダイヤ編成の都合から、トンネル内での行き違いが想定されたのだ。そうして設けられた正丸トンネル信号場には線路が二本敷かれ、上下線の行き違いだけではなく、特急列車の追い越しに伴う各駅列車の待避も行なわれている。

正丸トンネル

正丸隧道の出口から見たトンネル（写真提供：西武鉄道）

●トンネルが多い西武秩父線

　昭和44年、池袋線を延伸する形で西武秩父線吾野駅から西武秩父駅間が開業したことで、西武鉄道のトンネル数は一気に16カ所に増加した。吾野から先の険しい山岳地帯を考慮し、必然的にトンネル中心の道が採用されたのだ。西武秩父線は営業距離である19kmのうち、約4割にあたるおよそ7,749kmがトンネルとなっている。

　西武秩父線開業以前の西武鉄道には、トンネルはほとんど存在しなかった。平坦な地形に線路を敷いた路線が多かったためだ。西武山口線（西武球場前駅から西武遊園地駅）内に短いトンネルが数ヵ所あった以外には、池袋線東吾野駅から吾野駅間にある鎌倉坂トンネルが唯一のトンネルだった。

　西武鉄道は、そうした数々のトンネルについて、平成25年に「トンネル体験号　親子体験ツアー」、平成26年に「トンネル体験号　親子体験ツアー2014」を開催している。池袋線の飯能駅からイベント臨時列車に乗車。正丸トンネルをはじめとする、西武鉄道内のトンネルについて楽しく学べるイベントとなった。

[企業情報]
西武鉄道の歩み

西武の特急

5000系の列車（写真提供：西武鉄道）

●特急レッドアロー

　西武鉄道の特急といえば、「レッドアロー」。乗車したことはなくとも、テレビコマーシャルなどで名前を耳にしたことがある人も多いだろう。

　初代特急レッドアロー号5000系は昭和44年、西武秩父線の開業と同時にデビューした。「秩父へ特急83分」をキャッチフレーズにPRが行なわれ、当時は池袋駅から西武秩父駅間を平日二往復、休日四往復のみ運行していた。停車駅は平日が飯能駅と横瀬駅、休日には所沢駅が加わる。5000系はその後、飯能駅から池袋駅間のホームライナーとして多くの通勤客に利用され、西武新宿駅から西武秩父駅間の特急も設定されるなど、西武鉄道における特急のネットワークを確立した。多くの人々に親しまれた初代レッドアロー号は平成7年10月、引退している。

　平成5年、初代特急レッドアロー号5000系の代わりに登場したのが、10000系のニューレッドアローだ。新宿線の「小江戸」、池袋線・西武秩父線では「むさし」「ちちぶ」として、ビジネスや観光など幅広い客層に利用されている。車両には「ゆとりとやすらぎの空間」をコンセプトに、ゆったりとしたシートピッチの他、車いすでの利用客

レッドアロー号

10000系、レッドアロークラシック（写真提供：西武鉄道）

へ配慮されたシートやトイレなどが完備されている。平成15年には内装や制御装置の変更を行ない、1編成を増備。それ以前の車両についても平成20年度までに内装のリフレッシュや洋式トイレの自動ドア化といったバリアフリー化が行なわれ、利便性が増している。

● 10000系を5000系デザインの塗装に

　平成23年11月から、ニューレッドアローの1編成が、初代レッドアローのリバイバルカラー列車として運行している。塗り直しをするにあたり、初代レッドアローの5000系が引退していたため、現在の特急用車両であるニューレッドアローが抜擢された。5000系のステンレスの飾り板が10000系になかったため、ラッピングフィルムで再現されている点、10000系の運転窓の下にあるライトが飾り板部分に食い込んでしまう点など、デザインの差異は避けられない。しかし、再現されたクリーム色の車体に、窓の上下にある赤い帯など、「レッドアロークラシック」として走るその姿に、当時を思い起こすファンも少なくない。

[企業情報]

西武鉄道の歩み
幻の多摩ニュータウン線

計画中の多摩ニュータウン線の経路付近にあった多摩丘陵

●実現に至らなかった多摩ニュータウンへの乗り入れ

　昭和38年「多摩ニュータウン」として、東京西部の多摩丘陵を大規模な郊外都市として整備する構想が具体化される。ニュータウンの計画人口は30万人とされ、ここに鉄道路線を延ばすことは、利用者の大幅な増加を意味していた。そのため、西武鉄道はもちろん、京王電鉄や小田急電鉄など周辺の私鉄はこの方面に延びる新路線の計画をたて、鉄道敷設免許の申請を行った。

　西武鉄道の計画は、多摩川線の北多摩駅（現在の白糸台駅）で分岐し、ニュータウンを経て津久井湖に近い城山の方面へ至るものだ。しかし、この計画の申請は却下されてしまう。その理由としてあげられるのが、JR（当時の国鉄）中央線の混雑だ。当時は同線の混雑が激しく、武蔵境駅で乗り換える必要がある西武鉄道の計画では、ニュータウンからの乗換客が加わることで、さらなる混雑の悪化が懸念されたのである。そうした事情から、国が免許をあたえたのは新宿からニュータウン間を直通できる京王と小田急だった。もし西武鉄道に免許があたえられていれば、周辺の交通網が現在と大きく異なっていたのは間違いないだろう。

廃止でなく「休止」
謎の残る安比奈線

安比奈線跡地

● 廃線跡ファンに人気の安比奈線

　新宿線南大塚駅と、入間川の河原近くにある安比奈駅を結ぶ安比奈線は、全長3.2kmの短い貨物線である。川砂利の輸送を目的に計画され、大正14年に単線非電化の路線として開業、戦後の昭和24年に電化されている。砂利の輸送は昭和39年ごろまで行なわれていた。しかし、昭和42年に川砂利の採取が禁止され、以降は使われていない。

　平成18年に西武鉄道が安比奈線のウォーキングイベントを開催。平成21年にはNHK朝の連続テレビ小説「つばさ」のロケ地になるなど、近年は廃線としての風情が注目されている。しかし、法手続上は廃線ではなく「休止」である。

　安比奈線は、一度復活の計画が検討された。新宿線西武新宿駅から上石神井駅間に地下急行線を整備し複々線化（複線だった線路について、同じ方向に並走できる線路を増設）する計画だ。その際、安比奈線の終点に車両基地を設置し、回送線として利用するという考えがあった。少子高齢化の影響などを理由に複々線化は計画が凍結されたが、車両基地の計画は今も維持されている。安比奈線が復活するには国道16号線との交差をどう対処するのかなど、課題は多い。

[企業情報]
西武鉄道の歩み

駅数最少の2駅

かつての豊島園駅（写真提供：西武鉄道）

●豊島線と「としまえん」

　武蔵野鉄道豊島線は、昭和2年に開業した当初から豊島園（現在のとしまえん）へのアクセス路線として利用されていた。

　豊島園は大正15年、当時の財界人の一人である藤田好三郎が所有していた土地を、東京市民に園芸と運動を広く奨励するために公開したことからはじまった。豊島線の開業当時も同園は日本庭園で、東京郊外の保養地として賑わっていた。その後、経営元が何度か変わり、昭和26年に西武鉄道の管理下となる。その後、「としまえん」へ改称。夏の流れるプール、ウォータースライダーや冬のスキー、スケートなど首都圏有数の遊園地として成長していく。同園のアクセス線として機能してきた豊島線の歴史は、としまえんの成長とともにあると言えるだろう。

●盲腸線としての豊島線

　豊島線は池袋線練馬駅と豊島園駅の2駅のみだ。練馬駅をでると、東京都区内ではめずらしい単線の路線になる。同駅で分岐する池袋線が高架を維持するのに対

豊島線

かつての豊島園駅正面（写真提供：西武鉄道）

し、豊島線は高架を降り、地上区間へと入る。すぐに大きく右へカーブし、ほどなくして豊島園駅に到着する。その距離はわずか1.0kmと、西武鉄道の路線の中で最も短いのが特徴だ。鉄道ファンの間ではこうした路線距離が短く、他の路線路との接続もない路線を「盲腸線」と呼ぶ。東京23区内では豊島線と東武大師線、西武鉄道内では他に西武園線が該当する。

豊島線の電車は基本的に池袋駅の始発着が多い。早朝と深夜の入庫関連として始発の練馬発豊島園行き、終電の豊島園発練馬行きを除いて、すべてが池袋線内に直通する各駅停車だ。池袋発の豊島園行きは平日朝7時台に8本、池袋まで14分という時間もあり、通勤や通学に利用する人も少なくない。

練馬駅の紹介については池袋線の項に譲り、ここでは豊島園駅を紹介する。同駅は豊島線豊島駅として開業した。昭和8年に現在の駅名である豊島園に改称されている。平成3年には西武鉄道で初めて自動改札が導入された。同年の12月に都営地下鉄12号線（現在の都営大江戸線）が開業、隣接駅となっている。

[企業情報]

西武鉄道の歩み

4.2kmを走る

かつての狭山湖駅（写真提供：西武鉄道）

●武蔵野鉄道山口線から、狭山線へ

　狭山線は西所沢駅で池袋線から分岐する、武蔵野鉄道が建設した路線である。全長4.2kmの運行区間は、池袋線西所沢駅から下山口駅を経て、西武球場前駅を結ぶ。この線は、青梅まで計画された路線の一部でもある。

　前身である武蔵野鉄道山口線は、村山貯水池周辺の観光客輸送を目的に、昭和4年、西所沢駅から村山公園駅間が開業した。その後、昭和8年に村山公園駅は村山貯水池際駅に改称、さらに昭和16年に村山駅となる。

　現在の狭山線という名称に至ったのは、戦時中の休止期間を経た、戦後の昭和26年。その際、村山駅は西所沢方面へ移動し、狭山湖駅となる。

　昭和38年、狭山湖に近い上山口地区に西武プリンスドームの前身である西武園球場が開業する。当時はプロ野球の2軍チームやアマチュア野球の試合に使用されていたが、昭和53年に西武鉄道（国土計画）が九州のプロ野球チーム「クラウンライターライオンズ」の買収を発表。改修中だった球場はプロ野球仕様に拡張された。新球場の名称は「西武ライオンズ球場」。球場の開業に合わせて狭山湖駅は西武球場前駅に改称、同球場へのアクセス線として多くの人から注目されることになる。

52　日本の会社　西武鉄道の百年

狭山線

かつての狭山湖駅正面（写真提供：西武鉄道）

●西武球場前駅と下山口駅

　狭山線は全線が単線である。しかし、終点駅となる西武球場前駅の狭山線ホームは3面6線を有し、単線区間の終点駅とは思えない立派な造りだ。同駅は常用である1、2番ホーム以外は野球開催時の臨時列車の運行に対応している。臨時列車は池袋駅、西武新宿駅などから運行。運行パターンには「休日デーゲーム」「平日ナイター」「休日ナイター」がある。いずれも、乗客が集中するゲーム終了時、ホームに電車を停車させておくなどの対応が取られている。また、臨時列車の中には西武ドームでのプロ野球公式戦開催日などに運転される特急「ドーム号」もあり、ホームはより多くの人で賑わいを見せる。

　池袋線と接続する西所沢駅、「レオライナー」の愛称で親しまれる山口線と接続する西武球場前駅。その二駅の間にあるのが、下山口駅だ。同駅の歴史は古く、武蔵野鉄道山口線開業時の昭和4年に完成している。戦時中、同路線は運行を休止。後に解除されるも、同駅は封鎖されたままとなっていた。昭和51年、32年の時を経て営業を再開し、現在に至る。

[企業情報]
西武鉄道の歩み

独立路線の

かつての武蔵境駅（写真提供：西武鉄道）

● 他線と接続のない多摩川線

　武蔵野南部を走る独立路線として知られているのが多摩川線だ。他の西武線とは全く繋がらないことから、"飛び地路線"とも呼ばれている。

　多摩川線は、もともと多摩鉄道が大正6年から大正11年にかけて開通させた路線である。多摩鉄道とは、多摩川線の前身であり、明治43年に設立された。多摩鉄道が西武鉄道に合併されたのは昭和2年。合併されると同時に、多摩川線と名称が改められた。

　大正6年に、武蔵境駅（当時の境駅）から白糸台駅（当時の北多磨駅）までの区間が開業された。2年後の大正8年に、競艇場前駅（当時の常久駅）が開業。大正11年には、是政駅が開業されている。

多摩川線

かつての新小金井駅(写真提供:西武鉄道)

　沿線の中で開業年が最も遅かったのが、多磨駅だ。当駅が開業したのは、昭和4年1月5日。大正12年に開園された多摩墓地の最寄り駅として利用されていた。
　多摩川線は、平日も土日祝日も運行のダイヤが変わらない。日中は約12分間隔で運行がされている。
　競艇場前駅から徒歩約3分の距離には、多摩川競艇場がある。近年では土日を中心に、多摩川競艇場内でのイベントが実施され、来場者はさらに増加しているそうだ。

[企業情報]
西武鉄道の歩み

需要の高まる

● 「拝島快速」の誕生により、さらなる発展を遂げた拝島線」

　新宿線の小平駅と拝島駅を結ぶ拝島線。全長は14.3kmだ。拝島線の特徴は、複線区間が多いことだ。玉川上水駅から武蔵砂川駅間と、西武立川駅から拝島駅間の2つの区間のみが単線である。

　西武鉄道の準本線として位置している拝島線は、複数の駅で平面交差をしながら運転されている。かつて、複数の路線が繋がって完成した拝島線の歴史が起源になっているという。

　拝島線の全線開通は、昭和43年のことである。西武鉄道の他の路線と比較すると、歴史が浅いようだ。拝島線の最初の区間は、昭和3年に多摩湖鉄道が開業させた萩山駅から本小平駅間だ。多摩湖鉄道が武蔵野鉄道を経て西武鉄道となった際に、本小平駅は小平駅に統合された。

　小川駅から玉川上水駅間は、昭和24年に上水線として開通した。さらに、昭和33年には、現在の西武遊園地駅である多摩湖駅の方向に、萩山駅を0.3km移

拝島線

武蔵砂川駅付近にある昭和記念公園

動させて配線変更を行った。これにより、小平駅から萩山駅を経由して多摩湖駅への直通運転が可能になったのだ。

　戦時中に開業した旧陸軍施設の引き込み線を転用させたものが、萩山駅から小川駅の間だった。昭和37年には、西武鉄道上水線に編入された。拝島駅に達し全線開通となった昭和43年に、現在の拝島線という路線名になった。

　現在では沿線の通勤需要が急増し、重要性もますます高まっている。新宿線の一部としての役割も担っているほどだ。「拝島快速」を設けたことにより、利便性をさらに上がったことだろう。

　また、玉川上水駅では多摩都市モノレールとも結ばれている。これにより、立川方面は言うまでもないが、小田急線や京王線とも繋がりやすくなる。

　東西方向の輸送路としての役割を担う拝島線は、今後も重要度が高まっていくことだろう。

[企業情報]
西武鉄道の歩み

国分寺線

国分寺線沿線の駅ホーム

●言い伝えの残る国分寺線

　全長7.8kmの国分寺線は、国分寺駅から東村山駅までの全5駅を結ぶ。

　国分寺線は、西武鉄道の前身である川越鉄道によって敷設された区間だ。川越鉄道は、明治25年に甲武鉄道の子会社として設立された。甲武鉄道とは、日本で初めて電車運転を行ったことで広く知られている。

　川越鉄道の設立当初は、川越の物資の運搬が目的とされていた。つまり旅客鉄道よりも、貨物鉄道の会社という位置づけが強かった。

　明治27年の開業と同時に開通されたのが、国分寺駅、小川駅、東村山駅の3駅。戦後の昭和23年に鷹の台駅、昭和30年に恋ケ窪駅が新設された。現在も走行している西武鉄道の路線においては、同線は最初に開業した路線であり、最も古い路線である。

　国分寺市戸倉に位置する恋ケ窪駅は、日本で4つしか存在しない「恋」のつく駅の一つとして知られている。「恋ケ窪」の地名の由来となったのが、市内にある「姿見の池」だ。「姿見の池」は、かつて遊女と武士の悲恋物語の舞台の地として有名だ。遊女の想いが一葉の松となったという説があるそうだ。

名前の由来となった多摩湖（村山貯水池）

多摩湖線

●接続駅たった3駅の、多摩湖線

　西武園ゆうえんちへのアクセス路線として、多くの人に利用され続けているのが多摩湖線だ。この路線名は、村山貯水池の別名である多摩湖に由来している。
　多摩湖線は、多摩湖鉄道によって昭和3年から昭和5年にかけて開通された。多摩湖鉄道とは、昭和3年に設立された会社である。
　多摩湖線の開通には、小平の都市開発だけでなく、多摩湖への観光客の誘致といった目的があった。多摩湖の正式名称は村山貯水池である。周囲約17kmの人造湖で、現在も東京都民の水源となっている。
　多摩湖線は、国分寺市の国分寺駅から東村山市の西武遊園地駅までの全7駅を結ぶ。距離にすると9.2kmの路線だ。
　全7駅のなかで、他の路線と接続している駅は、国分寺駅、萩山駅、西武遊園地駅の3駅だ。
　西武遊園地駅から徒歩1分以内の距離にある西武園ゆうえんちでは、休日には大勢の人で賑わいを見せる。アトラクションはもちろん、季節折々に合わせたイベントを開催し、老若男女が楽しむことができるそうだ。

[企業情報]
西武鉄道の歩み

西武園線

付近にある西武園ゆうえんち

●駅数わずか2駅の西武園線

　西武園線の一番の特徴は、東村山駅と西武園駅の二駅のみを結ぶ路線であることだ。全長は2.4kmで、駅の間には信号場もない。

　西武園線の起源は、村山軽便鉄道の構想として吉祥寺から箱根ケ崎を結ぶものだった。建設免許を取得するも、建設は開始されなかった。村山軽便鉄道から免許を譲り受けた旧西武鉄道が、村山貯水池周辺のリゾート開発とともに、村山貯水池へ乗り入れる区間のみを着工した。昭和5年4月に東村山駅から村山貯水池前駅が開業した。当時、村山貯水池は首都圏の観光資源として有望されていたことが、村山貯水池という駅名からうかがえる。

　多摩湖の観光客輸送を目的に敷設された路線だったが、昭和30年代に入るとともに、村山貯水池の東側は住宅地へと変わっていった。こうした転換により、観客輸送だけでなく、通勤輸送の二つの役割を果たすようになる。

　現在、西武園駅の周辺には西武園ゴルフ場や西武園競輪場がある。西武園競輪場は、昭和25年に開業した公営競技・競輪の競技場だ。現在は西武鉄道が管理しているという。

山口線(レオライナー)の走る線路と信号

● かわいい愛称を持つ新交通システム、山口線

　東京都と埼玉県をまたがる、日本で唯一の新交通システム路線が山口線(レオライナー)だ。所沢市に位置する西武球場前駅と、東村山市の西武遊園地駅を結ぶ。途中駅は遊園地西駅のみだ。全長は2.8kmと短く、元々は西武園ゆうえんちの遊技施設だったという。

　始まりは、昭和25年に多摩湖ホテルとユネスコ村を結ぶ、おとぎ線が開業したことだ。おとぎ線は山口線の前身ということになる。おとぎ線が開業された2年後、山口線と改称され、正式な地方鉄道となった。

　山口線はいわゆる軽便鉄道だった。軽便鉄道とは、線路幅が1,067m以下のナローゲージを用いた鉄道のことだ。車体も小型である。規格が低いことから、建設にかかるコストや運営費を安く抑えることができる。明治43年に軽便鉄道法が公布されて以降、各地に誕生した。

　現在は全線が単線になっている。西武球場前駅と遊園地西駅の間には東中峯信号場があり、野球やイベントの開催日に限定して使用される。「レオライナー」の愛称で、多くの人に親しまれている。

[企業情報]

西武鉄道の歩み

山岳路線の

●自然豊かな地を走る秩父線

　西武鉄道で唯一の山岳路線として広く知られているのが、西武秩父線である。秩父は関東地方の奥座敷として、昔から賑わいを見せていた。昭和44年、西武鉄道が人気の観光地である秩父に乗り入れ、吾野駅から西武秩父駅間までの区間が西武秩父線として誕生した。秩父鉄道が既に開業をしていたため、会社名である西武を路線名の上につけた。事実上、この路線は池袋線の延伸部分という位置付けだったにもかかわらず、独立した名称が与えられたのだ。

　全長が19.0kmの路線内には、16箇所ものトンネルがある。その中の一つの正丸トンネルは4.8kmもの長大さを誇る。開業当時、鉄道用トンネルとしては日本の私鉄で最長であったという。

　　西武秩父線が開業された際には、観光輸送の目的だけでなく貨物輸送としての任務もあった。秩父と横瀬の間には武甲山があり、石灰石が豊富に採取された。石灰石からできるセメントを、西武秩父線が輸送していたのだ。そのため、1,000トンを運ぶことのできる貨物列車や、E851形電気機関車が投入される。E851形電気機関車は、私鉄最大のマンモス電気とも呼ばれていた。観光のみならず、貨物として

秩父線

秩父の音楽寺の鐘

も大きな役割を担っていた路線であったことがわかる。

現在の西武秩父線は、吾野駅、西吾野駅、正丸駅、芦ヶ久保駅、横瀬駅、西武秩父駅の全6駅だ。かつては芦ヶ久保駅から横瀬駅の間には、東横瀬駅という駅があったが、廃駅となってしまった。当時の東横瀬駅では、セメントを満載にした複数台のタンク車が各地へ走って行ったという。

横瀬駅のすぐ近くには、西武秩父線横瀬車両基地がある。この車両基地では、西武鉄道が開催するイベントも催されている。イベントでは、懐かしの車両や機関車の展示、鉄道用品や鉄道グッズの販売を行なっている。さらには、保守車両の乗車体験にも参加することができる。鉄道ファンはもちろんのこと、子供連れの家族にも楽しい時間が過ごせることだろう。

池袋線の終着駅でもある吾野駅は、閑静な雰囲気が印象的な小さな駅だ。吾野駅から沿線を走ると、大半が森林地帯に囲まれている。山岳路線であることと同時に、通勤や通学の需要も高く、公共交通機関として住民の生活にとっては欠かすことのできない路線だ。

[企業情報]
西武鉄道の歩み

新宿線

●駅数 29 駅、47.5km を結ぶ巨大路線

　新宿線は、東京都新宿区にある西武新宿駅と埼玉県川越市にある本川越駅間を結ぶ路線である。駅数は 29 で、西武池袋線と並ぶほどの規模を誇る。西武新宿線各駅にもさまざまな趣や景色があるが、それは『西武鉄道の百年【後編】(仮)』にて紹介しよう。

池袋線各駅紹介

[企業紹介]
池袋線各駅紹介

池袋(いけぶくろ)

▶開業日　1915(大正4)年4月15日
▶駅所在地　東京都豊島区南池袋1-28-1
▶停車車両　特急、快速急行、急行、通勤急行、快速、通勤準急、準急、各駅停車

西武池袋駅付近の様子

池線各駅紹介

西武池袋駅南口

ホームから見えた風景

西武池袋線ホームの様子

池袋駅は、西武池袋線以外にも、JRや私鉄など、多数の路線が乗り入れる巨大ターミナル駅だ。しかし、明治時代半ばまでこの辺りは、畑や林の並ぶ農村地帯であったという。

日本の会社　西武鉄道の百年

[企業紹介]
池袋線各駅紹介

椎名町
しいなまち

▶開業年　大正13(1924)年6月11日
▶駅所在地　東京都豊島区長崎1-1-22
▶停車車両　各駅停車

椎名町駅東口

椎名町駅前の様子

巨大ターミナル、池袋駅を出た各駅停車の列車がはじめに停車するのが椎名町駅だ。その間は1.9km。かつて、池袋駅との間には「上がり屋敷駅」という名の駅があった。しかし現在では「上がり屋敷」の名が着いた公園が残るのみだ。

東長崎
ひがしながさき

▶開業年　大正4(1915)年4月15日
▶駅所在地　東京都豊島区長崎5-1-1
▶停車車両　各駅停車

池袋線各駅紹介

東長崎駅北口

西武線の改札

ホームに停車中の電車

東長崎駅は武蔵野鉄道開業とともに開設された駅である。駅の近くは閑静な住宅街となっている。東長崎駅と江古田の間には、かつて長江(西武市場)と呼ばれた駅があった。これは輸送のための貨物駅だったが、平成12年に日本通運の江古田流通センターへと姿を変えた。

[企業紹介]
池袋線各駅紹介

江古田(えこだ)

▶開業年　大正11(1922)年11月1日
▶駅所在地　東京都練馬区旭丘1-78-7
▶停車車両　各駅停車

江古田駅南口

駅の改札口

江古田駅北口

　江古田駅の周辺には、大学が多く、沿線のなかでも屈指の学生の町といえるだろう。
　南口を出るとすぐ、名門・武蔵大学、反対の北口には、武蔵野音楽大学もある。さらに北口から東長崎駅方面に歩を進めると見えるのは、日本大学芸術学部である。
　このためか、駅の利用者には大学生を主とした若者が非常に多い。駅周辺も、活気のある街並となっている。

桜台
さくらだい

▶開業年　昭和11(1936)年7月10日
▶駅所在地　東京都練馬区桜台1-5-1
▶停車車両　各駅停車

池袋線各駅紹介

桜台駅北口

窓には可愛い模様がある

高架下には、駐車場などがある

　桜台駅は、昭和11年に開設された、比較的新しい駅である。武蔵野鉄道の開業から20年余が経過してから建てられた駅ということになる。

　開業後、戦争の影響で昭和20年から昭和23年の間は営業を休止していたが、再開した改良を重ね、地上駅だった駅舎は橋上駅舎となった。

[企業紹介]
池袋線各駅紹介

練馬
ねりま

▶開業年　大正4(1915)年4月15日
▶駅所在地　東京都練馬区練馬1-3-5
▶停車車両　快速急行、快速、通勤準急、準急、各駅停車

練馬駅中央口

練馬駅付近を走る電車

練馬駅は、武蔵野鉄道開業時から開設されていた歴史ある駅である。

昭和2年に西武豊島線が開業すると、練馬駅は豊島園駅に向かう乗客の乗り換え駅となった。

南口を出て少し歩くと、地元民に親しまれている練馬大鳥神社に行くことができる。

都営地下鉄の練馬駅は徒歩数分の距離にある

西武線改札口

中村橋
なかむらばし

▶開業年　大正13（1924）年6月11日
▶駅所在地　東京都練馬区中村北4-2-1
▶停車車両　各駅停車

池袋線各駅紹介

　中村橋駅は、西武池袋線開業当時の西洋風の駅舎を色濃く残している。
　ふくらみのあるような暖かい外観の駅舎の窓には、ステンドグラスのデザインが施されており、芸術的な雰囲気を感じさせる。駅舎の美しさは、練馬百景のひとつに認定されているほどである。

中村橋駅の駅舎外観

改札の様子

周辺にはマンションが並ぶ

駅前の様子

[企業紹介]
池袋線各駅紹介

富士見台(ふじみだい)

▶開業年　大正14(1925)年3月15日
▶駅所在地　東京都練馬区貫井3-7-4
▶停車車両　各駅停車

富士見駅の所在は練馬区だが、駅を出て少し歩くと、すぐに中野区に入ることになる。

この駅の開業は大正14年だが、開業当初は周辺の地名から「貫井駅」と名付けられていた。

その後昭和8年になると「この周辺から見る富士が美しい」という理由で、現在まで続く「富士見台駅」へと改称されたのだ。

富士見台駅北口

駅舎の窓のデザイン

駅前の様子

駅構内は広々としている

練馬高野台
ねりまたかのだい

▶開業年　平成6(1994)年12月7日
▶駅所在地　東京都練馬区高野台1-7-27
▶停車車両　各駅停車

池袋線各駅紹介

ホームの様子

練馬高野台駅の外観

　長い歴史を持つ西武池袋線（旧・武蔵野鉄道）の沿線内で、現時点で最も新しいのが練馬高野台駅である。開設は平成6年であり、開業からまだ20年程しか経っていない。
　平成13年から平成24年までは、当駅発着となる電車もあったという。

広いロータリー

改札の様子

駅構内には商店が多い

［企業紹介］
池袋線各駅紹介

石神井公園(しゃくじいこうえん)

▶開業年　大正4(1915)年4月15日
▶駅所在地　東京都練馬区石神井町3-23-10
▶停車車両　快速急行、急行、通勤急行、快速、準急、各駅停車

石神井公園駅は、武蔵野鉄道開業当初、「石神井駅」としてのはじまりだった。
その後、昭和8年に現在の名称へと変更され、今日にいたっている。

石神井公園駅の外観

ホームに停車中の電車

改札の様子

駅の入り口

大泉学園
おおいずみがくえん

▶開業年　大正13（1924）年11月1日
▶駅所在地　東京都練馬区東大泉1-29-7
▶停車車両　通勤急行、通勤準急、準急、各駅停車

池袋線各駅紹介

駅前のロータリー

開業当時は「東大泉駅」としてスタートし、昭和8年に改称。現在ではその名の通り、付近に多くの学校がある。

アニメの専門学校も近くにあるため、駅構内外を多くのアニメキャラが彩る個性豊かな駅だ。

大泉学園駅の入り口

大泉学園駅の南口

アニメ発祥の地
記念のキャラクター像

[企業紹介]
池袋線各駅紹介

保谷 (ほうや)

▶開業年　大正4(1915)年4月15日
▶駅所在地　東京都西東京市東町3-14-30
▶停車車両　通勤急行、通勤準急、準急、各駅停車

保谷駅北口

　池袋駅から豊島区、練馬区を通って来た西武線電車は、ここでついに西東京市に入る。
　以前は北口を出ると畑が広がっていたが、土地の開発が進み、現在では様々なマンションや商業ビルが建ち並ぶようになった。

停車中の電車

保谷駅前のロータリー

保谷駅南口そばの広場

ひばりヶ丘

▶ 開業年　大正13（1924）年6月11日
▶ 駅所在地　東京都西東京市住吉町3-9-19
▶ 停車車両　快速急行、急行、快速、通勤準急、準急、各駅停車

池袋線各駅紹介

駅ホーム

開業当時の駅名は、「田無町駅」であった。しかし、西武新宿線の「田無駅」と混同してしまうため、昭和34年に現在の駅名へと改称された。

改称される際、付近に畑が多く、ヒバリがよく鳴いていたため、この名前になったといわれている。

ひばりヶ丘駅南口

駅前のロータリー

ビルが建ち並ぶ景色

[企業紹介]
池袋線各駅紹介

東久留米
(ひがしくるめ)

▶開業年　大正4(1915)年4月15日
▶駅所在地　東京都東久留米市東本町1-8
▶停車車両　通勤急行、快速、通勤準急、準急、各駅停車

東久留米駅西口

駅前のロータリー

東久留米駅の駅舎は、東口と西口でそれぞれ色が違い、ユニークなつくりとなっている。かつては北口もあったのだが、平成22年に駅舎の解体工事を行ない、東西2つの出口のみとなった。

駅構内の様子

東久留米駅東口

池袋線各駅紹介

清瀬
きよせ

▶ 開業年　大正13(1924)年6月11日
▶ 駅所在地　東京都清瀬市元町1-2-4
▶ 停車車両　快速、通勤準急、準急、各駅停車

清瀬駅の北口、南口ともに、少し質素な印象を受ける。しかし北口の方には商業ビルとの連絡通路が設けられ、発展してきているようだ。

商業ビルへの連絡通路

清瀬駅南口

清瀬駅北口

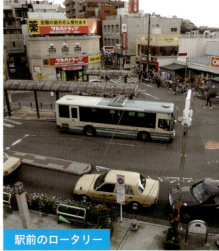
駅前のロータリー

[企業紹介]
池袋線各駅紹介

秋津(あきつ)

▶ 開業年　大正6(1917)年12月12日
▶ 駅所在地　東京都清瀬市元町1-2-4
▶ 停車車両　快速、通勤準急、準急、各駅停車

秋津駅南口

秋津駅改札

秋津駅は東村山市と清瀬市、埼玉の所沢市にまたがる、非常に珍しい駅である。

開業当初、静かな農村だったこの地は、秋津駅の開業とともに活気が溢れるようになり、瞬く間ににぎわいを見せるようになった。

現在ではそばにJR武蔵野線の新秋津駅も誕生し、乗り換えにも大変便利になったのだ。

駅付近を走る電車

秋津駅北口

所沢
ところざわ

▶開業年　明治28（1895）年3月21日
▶駅所在地　埼玉県所沢市くすのき台1-14-5
▶停車車両　特急、快速急行、急行、通勤急行、快速、通勤準急、準急、各駅停車

池袋線各駅紹介

所沢駅東口

構内の連絡通路

　西武池袋線内でも屈指の規模を誇る所沢駅。もともとは鎌倉街道の宿場町として発展した町である。駅前には商店街もあり、常に活気に溢れている。

　元々池袋駅にあった西武鉄道本社も昭和61年に所沢駅東口すぐのところに移設され、現在に至っている。

[企業紹介]
池袋線各駅紹介

東口の様子

東口手前の通路

所沢駅の改札内

池袋線各駅紹介

所沢駅南口

窓に施された模様

西口前の商店街

隣接の西武百貨店

所沢駅西口

[企業紹介]
池袋線各駅紹介

西所沢（にしところざわ）

▶開業年　大正4（1915）年4月15日
▶駅所在地　埼玉県所沢市西所沢1-11-9
▶停車車両　急行、通勤急行、快速、通勤準急、準急、各駅停車

西所沢駅出口

西所沢駅改札

　武蔵野鉄道開業時、駅名は「小手指駅」だった。しかし5ヵ月弱で現在の名称に変更することとなった。
　その後、昭和4年に西武山口線（現・狭山線）ができると、同線への乗換駅となる。

駅前の様子

ホームに停車中の電車

小手指
こてさし

▶開業年　昭和45(1970)年11月20日
▶駅所在地　埼玉県所沢市小手指町1-8-1
▶停車車両　快速急行、急行、通勤急行、快速、通勤準急、準急、各駅停車

池袋線各駅紹介

小手指駅出口

小手指駅前ロータリー

構内の様子

　現在の小手指駅は、駅前に巨大なマンションがそびえ立つ、高級住宅街として有名である。
　開業当時は、こじんまりとした簡易的な作りの地上駅であった。10年ほどその状態が続いたが、昭和54年に工事が完了し、橋上駅舎へと変化した。

小手指駅出口からの景色

駅ホーム

[企業紹介]

池袋線各駅紹介

狭山ケ丘／武蔵藤沢

- ▶開業年　大正4(1915)年4月15日
- ▶駅所在地　埼玉県所沢市狭山ケ丘1-2980
- ▶停車車両　急行、通勤急行、快速、準急、各駅停車

- ▶開業年　大正15(1926)年4月1日
- ▶駅所在地　埼玉県入間市下藤沢494-4
- ▶停車車両　急行、通勤急行、快速、準急、各駅停車

狭山ケ丘駅西口

狭山ケ丘駅改札

　開業当時、この駅の名称は元狭山駅であった。4ヵ月ほどで「三島ヶ村駅」に改称し、さらに昭和8年に名称が変更され、現在の駅名になった。

駅前の様子

武蔵藤沢駅西口

　武蔵藤沢駅は、所在は入間市であるが、隣接する所沢市、狭山市との境界に位置する。
　駅前は広々としており、のどかな印象を受ける。

池袋線各駅紹介

稲荷山公園
（いなりやまこうえん）

▶開業年　昭和8(1933)年4月1日
▶駅所在地　埼玉県狭山市稲荷山1-1
▶停車車両　急行、通勤急行、快速、準急、各駅停車

稲荷山公園駅北口

　駅名にもなっている稲荷山公園は昭和8年に開設された。当時、市街地と離れていたため、駅自体のあまり利用客は多くなかった。

　しかし、西口に女子大学や高等学校が誕生したことにより、活気の溢れる若者の町へと変化を遂げた。

駅前の様子

駅から見る線路

日本の会社　西武鉄道の百年　89

[企業紹介]
池袋線各駅紹介

入間市(いるまし)

▶ 開業年　大正4(1915)年4月15日
▶ 駅所在地　埼玉県入間市河原町2-1
▶ 停車車両　特急、快速急行、急行、通勤急行、快速、準急、各駅停車

入間市駅南口

入間市駅改札

　この駅は「富岡町駅」として開業したあと、昭和42年に名称を変更し、「入間市駅」となった。
　現在、島式ホーム2面4線と片面ホーム1面を持つ比較的大きな駅だ。
　平成5年に駅舎が橋上化された後は、特急を含む全列車が停車するようになった。

駅前の様子

構内の様子

仏子／元加治

- ▶開業年　大正4（1915）年4月15日
- ▶駅所在地　埼玉県入間市仏子880
- ▶停車車両　急行、通勤急行、快速、準急、各駅停車

- ▶開業年　大正15（1926）年4月3日
- ▶駅所在地　埼玉県入間市野田167
- ▶停車車両　急行、通勤急行、快速、準急、各駅停車

仏子駅北口

ホームの様子

少し読み方の難しい名前のこの駅は、幾分簡素な印象を受ける。もともとは島式ホーム1面2線のつくりで、貨物ホームも有していた。

駅前の様子

元加治駅入口

元加治駅はもともと、加治荷扱所であった。大正15年に現在のような一般の駅の形へと姿を変えたのである。

駅舎は淡い緑色が柔らかい雰囲気をかもし出し、利用客の心の癒しとなっている。

[企業紹介]
池袋線各駅紹介

飯能(はんのう)

▶開業年　大正4(1915)年4月15日
▶駅所在地　埼玉県飯能市仲町11-21
▶停車車両　特急、快速急行、急行、通勤急行、快速、準急、各駅停車

駅内にある娯楽施設

飯能駅南口

　飯能駅は、武蔵野鉄道開業時の終点となっていた。
　当時の乗客を運ぶための電車のホームは1面1本で、他には機関庫や客室庫も有していた。
　昭和4年になると駅は吾野駅まで延長され、現在の形となった。
　現在の駅構内には娯楽施設も建設され、活気溢れる駅となっている。

駅前の様子

西武100年記念コーナー

東飯能／高麗

ひがしはんのう／こま

▶ 開業年　昭和6(1931)年12月10日
▶ 駅所在地　埼玉県飯能市東町1-5
▶ 停車車両　快速急行、急行、各駅停車

▶ 開業年　昭和4(1929)年9月10日
▶ 駅所在地　埼玉県日高市武蔵台1-1-1
▶ 停車車両　快速急行、急行、各駅停車

　開業当時から現在にいたるまで、1面1線の簡素なつくりを貫いて来た駅が東飯能駅である。
　かつては国鉄（現・JR線）との連絡線があったが、現在では橋上駅舎に変わり、それぞれの改札口がある。

駅前の様子

東飯能駅西口

高麗駅出口

　池袋から電車に揺られ、この高麗駅に入ったあたりから、都会的な印象が薄れ、台地の緑の豊かさが際立ってくる。
　高麗とは高麗人のことで、朝鮮からやってきた彼らが開拓したことからその名が付けられた地名なのだ。

観光案内

[企業紹介]
池袋線各駅紹介

武蔵横手（むさしよこて）／東吾野（ひがしあがの）

▶開業年　昭和4(1929)年9月10日
▶駅所在地　埼玉県日高市横手字山下750
▶停車車両　快速急行、急行、各駅停車

▶開業年　昭和4(1929)年9月10日
▶駅所在地　埼玉県飯能市平戸220
▶停車車両　快速急行、急行、各駅停車

武蔵横手駅出口

除草の為に飼育されているヤギ

　武蔵横手駅は戦争のため、昭和20年に一度休止し、昭和29年に一度廃止された。しかし昭和44年に信号所として復活し、昭和45年に旅客営業を再開することとなった。

　武蔵の鉄道が吾野まで延伸した際、虎秀駅として誕生した駅が現在の東吾野駅である。昭和8年に名称を改め、現在まで続いている。
　駅ホームのそばには小さな畑が作られており、自然豊かな駅となっている。

ホーム付近の畑

東吾野駅出口

池袋線各駅紹介

吾野
あがの

▶開業年　昭和4(1929)年9月10日
▶駅所在地　埼玉県飯能市仲町11-21
▶停車車両　快速急行、急行、各駅停車

　現在、西武池袋線の終点となっている吾野駅。その距離は果てしなく長く、時間にして1時間反ほどかかる。
　駅舎は丸みをおびた可愛らしい形で、駅からは近くの山を望むことができる。

吾野駅出口

付近の山々

吾野駅改札

駅のホーム

日本の会社　西武鉄道の百年　95

【写真提供】
西武鉄道

【参考文献】
『写真で見る西武鉄道100年』（ネコパブリッシング編）、『西武鉄道のひみつ』（PHP研究所編）、『西武鉄道まるごと探見』（広岡友紀著／JTBパブリッシング）、『私鉄の車両　西武鉄道』（飯島巌、町田浩一、荒川好夫著／ネコパブリッシング）、『日本の私鉄　西武鉄道』（広岡友紀著／毎日新聞社）

日本の会社　西武鉄道の百年【前編】〜これまでの歩み〜

発行日 …………………… 2015年12月25日　第1刷
　　　　　　　　　　　　※定価はカバーに表示してあります。

著者 ……………………… 日本鉄道車両研究会
発行者 …………………… 竹内淳夫
発行所 …………………… 株式会社彩流社
　　　　　　　　　　　　〒102-0071　東京都千代田区富士見2-2-2
　　　　　　　　　　　　TEL.03-3234-5931　FAX.03-3234-5932
　　　　　　　　　　　　http://www.sairyusha.co.jp

編集制作 ………………… 株式会社夢現舎（担当：大竹朝美）
装丁・デザイン・DTP …… 株式会社インサイド
印刷 ……………………… モリモト印刷株式会社
製本 ……………………… 株式会社難波製本

ISBN 978-4-7791-2188-3 C0065
本書は日本出版著作権協会（JPCA）が委託管理する著作物です。
複写（コピー）・複製、その他著作物の利用については、事前にJPCA（電話 03-3812-9424、e-mail:info@jpca.jp.net）の許諾を得てください。なお、無断でのコピー・スキャン・デジタル化等の複製は著作権法上の例外を除き、著作権法違反となります。